For Jeannine and Heidi
Who text message all the time and
Inspired the writing of this survival guide
We love you!

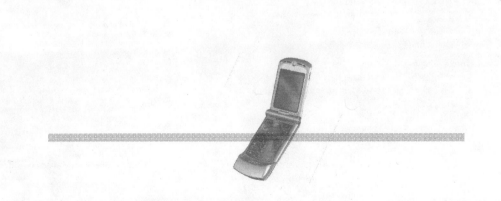

Trafford
PUBLISHING™ www.trafford.com

North America & international
toll-free: 1 888 232 4444 (USA & Canada)
phone: 250 383 6864 ♦ fax: 250 383 6804 ♦ email: info@trafford.com

The United Kingdom & Europe
phone: +44 (0)1865 722 113 ♦ local rate: 0845 230 9601
facsimile: +44 (0)1865 722 868 ♦ email: info.uk@trafford.com

10 9 8 7 6 5 4 3 2

'TMSG'

Text Messaging Survival Guide

By Evie and Jack Shoeman

Chapter 1 –
Text Messaging '101'

QQ - As a parent would you know what **9** or **99** would mean if one of your kids would text it to their friends -

> **9**-*Means parent is watching*
> **99**-*Means parent is no longer watching*
> **QQ**= *Quick question*

The thought of this book came when both of my daughters started texting messages faster than I could type and I can type pretty fast. They used lingo that my husband nor I could understand, so we were always asking what something meant. All of a sudden we felt we were out of their world. They were in the new age technology generation. If we were going to learn their lingo we were going to have to study up, and fast, as they are never very far from their cell phones. **BTW**, my girls still laugh when I try to text them a message.

AYTMTB, because I care. **IMHO**, this book will be for the young and old alike. Cell phones and messaging shorthand is a thing of the future that everyone will be able to use. And as my daughter always says after she makes a statement, **IYKWIM**.

> **AYTMTB** = *And you're telling me this because*
> **IMHO** = *In my humble opinion*
> **IYKWIM** = *If you know what I mean*
> **BTW** = *By the way*

What would you do if you received a text message that read: **LTNS, PCM L8r! H&K**. How would you answer back or would you? Text messages are generally limited to 160 characters so people started devising quick and efficient ways to send messages. Voila, text messaging shorthand. **BTW**, the message above reads*; Long time no see, please call me later! Hugs and kisses.*

This book is going to start out with the most popular text messages which we will call **101**, *101 text'd means beginner*. This is a pretty good place to start. ☺ Listed below are the most commonly used text messaging acronyms:

101	beginner	**4**	for
2	to/too	**4e**	forever
2day	today	**4n**	phone
2nite	tonight	**K**	okay
R	are	**L8r**	later
B	be	**2l8**	too late
B4	before	**U**	you
Cn	can	**W8**	wait
EM	excuse me	**Wknd**	weekend

I've listed the most used acronyms above. Listed next are some very commonly used text messaging acronyms. Once you learn these common acronyms texting will become much easier.

143	I love you	**CUL8r**	See you later
404	clueless/I don't know	**CMi**	Call me
411	the info on/for	**CallML8r**	Call me later
ATB	All the best	**CIO**	Cut it out
AML	All my love	**DF**	Dear friend
AYK	As you know	**DGT**	Don't go there
B4N	Bye for now	**DHAC**	Doesn't have a clue
BBL	Be back later	**DITD**	Down in the dumps
BB4N	Bye-bye for now	**DNDC**	Don't know, don't care
BFF	Best friends forever	**Duh**	How stupid of me
B4YKI	Before you know it	**FYEO**	For your eyes only
BRB	Be right back	**F2F**	Face to face/meeting
BW	Best wishes	**FF**	Friends forever
BRB	Be right back	**IMO**	In my opinion
		IMOH	I'm outta here

KIT	Keep in touch	**OTOH**	On the other hand
LMK	Let me know	**TNT**	Till next time
LY	Love you	**TTG**	Time to go
LYLAB	Love you like a brother	**TTYL**	Talk to you later
LYLAS	Love you like a sister	**TY or tx**	Thanks/Thank you
M4C	Meet for coffee	**WFM**	Works for me
MM@	Meet me at	**WWY**	Where were you
MYOB	Mind your own business		

Alright, now that you have had a little time to read over the 101 (*beginning*) acronyms I've added a few practice messeges. See how long it takes you to figure them out. Good luck!

DF, cn U M4C l8r, if so MM@ the office. BB4N

K IMO U R
getting it! BBL

Answers:

- *Dear friend, Can you meet me for coffee later, if so meet me at the office. Bye-bye for now.*

- *I have been down in the dumps, where were you? Let's go for coffee tonight. Call me*

- *Excuse me, Can you meet me tonight face to face I have something for your eyes only. Let me know. Talk to you later*

- *Okay, in my opinion you are getting it! Be back later.*

Chapter 2 – ICE
(In Case of an Emergency)

You have just been introduced to the most popular 101 text messages so it is time to move on to the next very important thing "ICE," which has nothing to do with text messaging but everything to do with cell phones, safety, and emergencies. The acronym ICE stands for "In Case of an Emergency."

Emergency personnel encourages doctors to tell their patients to start listing ICE in their cell phone "in case of an emergency." The acronym ICE is entered into the cell phone directory listing, and then the name of the person who should be called if any emergency were to arise would be listed in your phone under ICE with their telephone number. ICE can be entered as many times as you want to enter it. You would enter it as ICE, ICE 1, ICE 2, ICE 3, etc. You would then put the emergency contacts in the order you would like them to be called. The is one way that we can help doctors, or any emergency personnel track down our loved ones in case of an emergency.

Emergencies happen and a situation may happen where you might become unable to communicate. With cell phones being so common it would be easy for anyone to figure out who to contact if an emergency were to happen if the person had one or more of their loved ones name(s) listed under ICE as entries in their list of stored numbers.

Now that you know the importance of ICE, please take the time to enter this acronym in your cell phone.

Chapter 3 – Acronyms and Definitions

Now on to the full list of Text Message Shorthand. This list is growing and changing all the time but once you get the hang of it, text messaging becomes almost second nature. We are listing them two different ways, in acronym order and then in definition order. Enjoy reading and be sure to highlight your favorite phrases. This will make it easy for you to go back and find the ones you use most.

#'s & Symbols

*4U	Kiss for you	1Daful	Wonderful
*67	Unknown	1Ly	Only
?	I have a question or What do you mean?	1MomPl	One moment please
		26Y4U	Too Sexy For You
?RU	Where are you	2B or not 2B	To be or not to be
?Up	What's up	2Bz4UQT	Too busy for you cutey
@	at	2DITD	Today is the day
@TEOTD	At the end of the day	2G2B4G	Too good to be forgotten
@Wrk	At work	2G2BT	To good to be true
07734	Hello	2Ge4	Together
10X	Thanks	2GFU	To good for you
12B	Wannabe	2H2Hndl	Too hot to handle
1337	elite	2H4U	Too hot for you
14TR	One for the road	2l8	To late
143	I love you	2M	Tomorrow
14AA41	One for all and all for one	2M4U	Too much for you
		2MI	Too much information
1S or 1CE	Once	2nite	Tonight

404	I haven't a clue	**4nr**	Foreigner
411	Info	**4U**	For you
4COL	For crying out loud	**4YEO**	For your eyes only
4E	Forever	**5n**	Fine
4EAE	Forever and ever	**5O**	Police
4Ever	Forever	**6UP**	Cops in area
4Get	Forget	**9**	Parent is watching
4GetU	Forget you	**99**	Parent is no longer
4m	Form		watching

8

A

A3	Anytime, anywhere, anyplace	**AFAIUI**	As far as I understand it
A/S/L/P	Age/Sex/Location/Picture	**AFAP**	As far as possible
AAF	As a friend	**AFAYC**	As far as you're concerned
AAMOF	As a matter of fact	**AFC**	Away from computer
AAMOI	As a matter of interest	**AFCPMGO**	Away from computer parents may go on
AAR8	At any rate		
AAP	Always a pleasure	**AFAIA**	As far as I'm aware
AAS	Alive and smiling	**AFINIAFI**	A friend in need is a friend indeed
AAYF	As always, your friend		
Abt2	About to	**AFK**	Away from keyboard
Acc	Account	**AFPOE**	A fresh pair of eyes
ACD	Alt Control Delete	**AFZ**	Acronym free zone
ACE	Access control entry	**AGKWE**	And God knows what else
Ack	Acknowledgement	**AIADW**	All in a days work
ADAD	Another day another dollar	**AIAMU**	And I'm a monkey's Uncle
ADBB	All done bye bye	**Aight**	Alright
ADIP	Another day in paradise	**AIH**	As it happens
ADN	Any day now	**AIMB**	As I mentioned before
Adr	Address	**AIMP**	Always in my prayers
AEAP	As early as possible	**AISB**	As I said before or As it should be
AFAGAY	A friend as good as you		
AFAIC	As far as I'm concerned	**AISE**	As I said earlier
AFAICS	As Far as I can See	**AISI**	As I see it
AFAICT	As far as I can tell	**AIUI**	As I understand it
AFAIK	As far as I know	**AIWS**	As I was saying
AFAIU	As far as I understand	**AKA or a.k.a.**	Also known as

ALAP	As late as possible	**ASLMH**	
AlCon	All concerned		Age/Sex/Location/Music/Hobbies
ALOL	Actually laughing out loud	**ATM**	At the moment
ALOTBSOL	Always look on the bright side of life	**ATP**	Answer the phone
		ATST	At the same time
ALTG	Act locally, think globally	**Attn**	Attention
AMAP	As many as possible	**AVSB**	A very special boy
AMBW	All my best wishes	**AWLTP**	Avoiding work like the plague
AML	All my Love		
ADN	Any day now	**Awk**	Awkward
ANFSCD	And now for something completely different	**AWOL**	Absent without leave
		AYC	Aren't you clever -or- Aren't you cheeky
Anon	Anonymous		
Anw	Anyways	**AYCE**	All you can eat
AOAS	All of a sudden	**AYD**	Are you done
AON	Apropos of nothing	**AYEC**	At your earliest convenience
AOTO	Amen on that one	**AYOR**	At your own risk
AOYS	Angel on your shoulder	**AYK**	As you know
AP	Apple Pie	**AYPI**	And your point is?
APOD	Another point of discussion	**AYT**	Are you there
ASAIK	As soon as I know	**AYTMTB**	And you're telling me this because
ASAP	As soon as possible		
ASL	Age/Sex/Location		

A

A fresh pair of eyes	**AFPOE**
A friend as good as you	**AFAGAY**
A friend in need is a friend indeed	**AFINIAFI**
A very special boy	**AVSB**
About to	**Abt2**
Absent without leave	**AWoL**
Access control entry	**ACE**
Account	**Acc**
Acknowledgement	**Ack**
Acronym free zone	**AFZ**
Act locally, think globally	**ALTG**
Actually laughing out loud	**ALOL**
Address	**Adr**
Age/Sex/Location	**ASL**
Age/Sex/Location/Music /Hobbies	**ASLMH**
Age/Sex/Location/Picture	**A/S/L/P**
Alive and smiling	**AAS**
All concerned	**AlCon**
All done bye bye	**ADBB**
All in a days work	**AIADW**
All My Best Wishes	**AMBW**
All My Love	**AML**
All of a sudden	**AOAS**
All you can eat	**AYCE**

Alright	**Aight**
Also known as	**AKA or a.k.a.**
Alt Control Delete	**ACD**
Always a pleasure	**AAP**
Always in my prayers	**AIMP**
Always look on the bright side of life	**ALOTBSOL**
Amen on that one	**AOTO**
And God knows what else	**AGKWE**
And I'm a monkey's Uncle	**AIAMU**
And now for something completely different	**ANFSCD**
And your point is?	**AYPI**
And you're telling me this because	**AYTMTB**
Angel on your shoulder	**AOYS**
Angry	**Grrr**
Anonymous	**Anon**
Another day another dollar	**ADAD**
Another day in paradise	**ADIP**
Another point of discussion	**APOD**
Answer the phone	**ATP**
Any day now	**ADN**
Any day now	**NEDN**
Any second	**NeSec**

Anyone here	**Ne1er**	As Far As I Can See	**AFAICS**
Anyone	**Ne1**	As far As I can Tell	**AFAICT**
Anyway	**Ne**	As far as I know	**AFAIK**
Anyways	**Anw**	As far as I understand it	**AFAIUI**
Apple Pie	**AP**	As far as I understand	**AFAIU**
Apropos of nothing	**AON**	As far as I'm concerned	**AFAIC**
Are you alone	**RUA**	As far as possible	**AFAP**
Are you done	**AYD**	As far as you're	
Are you free to talk	**RUF2T**	concerned	**AFAYC**
Are you Male Or		As I mentioned before	**AIMB**
Female	**RUMorF**	As I said before	**AISB**
Are you nuts?	**RUNts**	As I said earlier	**AISE**
Are you OK	**RUOK**	As I see it	**AISI**
Are you over 18?	**RU/18**	As I understand it	**AIUI**
Are you ready	**RUR**	As I was saying	**AIWS**
Are you there	**AYT or RUT**	As it happens	**AIH**
Are you up for it	**RUUP4It**	As it should be	**AISB**
Are you up?	**UUP**	As late as possible	**ALAP**
Are you	**RU**	As many as possible	**AMAP**
Are you o.k.	**UOK**	As soon as I know	**ASAIK**
Are you there?	**AYT**	As soon as possible	**ASAP**
Aren't you clever -or		As you know	**AYK**
Aren't you cheeky	**AYC**	At any rate	**AAR8**
As a friend	**AAF**	At the moment	**ATM**
As a matter of fact	**AAMOF**	At the same time	**ATST**
As a matter of interest	**AAMOI**	At your earliest	
As always, your friend	**AAYF**	convenience	**AYEC**
As early as possible	**AEAP**		
As far as I'm aware	**AFAIA**		

12

		Avoiding work like	
At your own risk	**AYOR**	the plague	**AWLTP**
Attention	**Attn**	Away from computer parents	
		may go on	**AFCPMGO**
		Away from computer	**AFC**
		Away from keyboard	**AFK**
		Awkward	**Awk**

B

B/C	Because
B4	Before
B4N	Bye for now
B4U	Before you
B4YKI	Before you know it
BAG	Bursting a gut
BAK	Back at keyboard
BAU	Business as usual
BB	Be back
BB4N	Bye-bye for now
BBB	Bye bye babe -or- Boring beyond belief
BBBG	Bye bye be good
Bbe	Baby
BBFN	Bye-bye for now
BBFU	Be back for you
BBIAB	Be back in a bit
BBIAF	Be back in a few
BBIAM	Be back in a minute
BBIAS	Be back in a sec
BBIAW	Be back in a while
BBL	Be back later
BBN	Bye bye now
BBP	Banned by parents
BBS	Be back soon
BBSD	Be back soon darling
BBS/L	Be back sooner or later
BBT	Be back tomorrow
Bbz	Babes
Bc	Because
BCBS	Big company, Big school
BCnU	Be seein' you
Bcoz	Because
BcURL8	Because you are late
BD	Big deal - or-Brain drain
Bday	Birthday
BDBI5M	Busy daydreaming back in 5 minutes
Bf	Boyfriend
BFF	Best friends forever
BF4E	Best friends forever
BFFL	Best friends for life
BFFTTE	Best friends forever til the end
BFN	Bye for now
Bg	Background or big
BHG	Big hearted guy –or- girl
BHL8	Be home late
BHWU	Back home with you
BIAB	Back in a bit
BIAF	Back in a few
BiBi	Bye bye
BICBW	But I could be wrong

BIF	Before I forget	**Bro**	Brother
BION	Believe it or not	**BRT**	Be right there
BIOYE	Blow it out your ear	**BSAAW**	Big smile and a wink
BIOYN	Blow it out your nose	**BSBD&NE**	Book smart, brain dead & no experience
BITD	Back in the day		
Bk	Back	**BSF**	But seriously, folks
BKA	Better known as	**BT**	Bite this
BL	Belly laughing	**BTD**	Bored to death
BM	Bite me	**BTDT**	Been there done that
BM4L	Best mates for life	**BTIAS**	Be there in a second
BMGWL	Busting my gut with laughter	**BTHOOM**	Beats the heck out of me
		BTTT	Back to the top -or- been there, tried that
BMOC	Big man on campus		
BNDN	Been nowhere done nothing	**BTW**	By the way or Back to work
		BTWBO	Be there with bells on
BNF	Big name fan	**BTWITIAILW/U** - By the way I think I am in love with you
BNOL	Be nice or leave		
BO	Bug off -or- body odor	**BTY**	Back to you
BOGO	Buy one get one	**BW**	Best wishes
BOTOH	But on the other hand	**BWDIK**	But what do I know
BPLM	Big person little mind	**BWL**	Bursting with laughter
Br	Bathroom	**BWO**	Black, white or other
BRB	Be right back	**BYKT**	But you knew that
Brd	Bored	**BYOA**	Bring your own Advil
BRH	Be right here	**BYOB**	Bring your own beverage

B

Babes	**Bbz**	Be back	**BB**
Baby	**Bbe**	Be home late	**BHL8**
Back at keyboard	**BAK**	Be nice or leave	**BNOL**
Back home with you	**BHWU**	Be right back	**BRB**
Back in a bit	**BIAB**	Be right here	**BRH**
Back in a few	**BIAF**	Be right there	**BRT**
Back in the day	**BITD**	Be seein' you	**BCnU**
Back to work	**BTW**	Be there in a second	**BTIAS**
Back to the top -or-		Be there in a minute	**BTIAM**
been there, tried that	**BTTT**	Be there with bells on	**BTWBO**
Back to you	**BTY**	Beats the heck out of me	**BTHOOM**
Back	**Bk**	Because you are late	**BcURL8**
Background or big	**Bg**	Because	**B/C or BC or BCOZ**
Banned by parents	**BBP**	Been nowhere done nothing	**BNDN**
Bathroom	**Br**	Been there done that	**BTDT**
Be back for you	**BBFU**	Before I forget	**BIF**
Be back in a bit	**BBIAB**	Before you know it	**B4YKI**
Be back in a few	**BBIAF**	Before you	**B4U**
Be back in a minute	**BBIAM**	Before	**B4**
Be back in a sec	**BBIAS**	Believe it or not	**BION**
Be back in a while	**BBIAW**	Belly laughing	**BL**
Be back later	**BBL**	Best friends for life	**BFFL**
Be back soon darling	**BBSD**	Best friends forever til the end	**BFFTTE**
Be back soon	**BBS**	Best friends forever	**BBF or BF4E**
Be back sooner or later	**BBS/L**	Best of luck	**BOL**
Be back tomorrow	**BBT**	Best mates for life	**BM4L**

Best wishes	**BW**		
Better known as	**BKA**	Bursting a gut	**BAG**
Big company, Big school	**BCBS**	Bursting with laughter	**BWL**
Big deal - or-Brain drain	**BD**	Business as usual	**BAU**
Big hearted guy –or- girl	**BHG**	Busting my gut with	
Big man on campus	**BMOC**	laughter	**BMGWL**
Big name fan	**BNF**	Busy daydreaming back	
Big person little mind	**BPLM**	in 5 minutes	**BDBI5M**
Big smile and a wink	**BSAAW**	But I could be wrong	**BICBW**
Birthday	**Bday**	But on the other hand	**BOTOH**
Bite me	**BM**	But seriously, folks	**BSF**
Bite this	**BT**	But what do I know	**BWDIK**
Blow it out your ear	**BIOYE**	But you knew that	**BYKT**
Blow it out your nose	**BIOYN**	Buy one get one	**BOGO**
Book smart, brain dead &		By the way I think I am	
no experience	**BSBD&NE**	in love with you	**BTWITIAILW/U**
Bored to death	**BTD**	By the way	**BTW**
Bored	**Brd**	Bye bye babe -or-	
Boyfriend	**Bf**	Boring beyond belief	**BBB**
Bring your own Advil	**BYOA**	Bye bye now	**BBN**
Bring your own		Bye bye	**BiBi**
beverage	**BYOB**	Bye bye, be good	**BBBG**
Brother	**Bro**	Bye for now	**BFN or B4N**
Bug off -or- body odor	**BO**	Bye-bye for now	**BBFN or BB4**

C

C&G	Chuckle and grin	**CMU**	Crack me up
C/B	Comment back	**Cn**	Can
C/P	Cross post	**CNP**	Continued in next post
C/S	Change of Subject	**COB**	Close of business
C2C	Care to chat	**COIWTA**	Come on I won't tell anyone
CAAC	Cool as a cucumber	**COL**	Crying out loud
CB	Coffee break	**COS**	Change of subject
CBB	Can't be bothered	**C-P**	Sleepy
CCL	Couldn't care less	**CRAP**	Cheap redundant assorted products
CFV	Call for vote		
Cg	Congratulations	**CRAT**	Can't remember a thing
CIAO	Goodbye (in Italian)	**CRB**	Come right back
CICO	Coffee in, coffee out	**CRBT**	Crying real big tears
CID	Consider it done	**CSL**	Can't stop laughing
CM	Call me	**C-T**	City
CMB	Comment me back	**CT**	Can't talk
CMCP	Call my cell phone	**CTA**	Call to action
CMF	Count my fingers	**CTC**	Care to chat or Call the cell
CMH	Call my house	**CTM**	Chuckle to myself
CMIIW	Correct me if I'm wrong	**CTN**	Can't talk now
CMITM	Call me in the morning	**CTPC**	Can't talk parents coming
CML	Call me later	**CTS**	Change the subject
CmOn	Come on	**CU**	See you or good-bye
CUATU	See you around the Universe	**CUIC**	See you in class
		CUL	See you later
CUBI	Can you believe it	**CUL8r**	See you later

CUNS	See you in school	**CYE**	Close your eyes
CUWUL	Catch up with you later	**CYL**	See you later
CW2SY	Can't wait to see you	**CYM**	Check your mail
CWOT	Complete waste of time	**CYO**	See you online
CWYL	Chat with you later	**CYT**	See you tomorrow
CY	Calm yourself	**COTD**	Chuckle of the day
CYA	Cover your ass		

C

Call for vote	**CFV**	Cheap redundant assorted	
Call me in the morning	**CMITM**	products	**CRAP**
Call me later	**CML**	Check your mail	**CYM**
Call me	**CM**	Chuckle and grin	**C&G**
Call my cell phone	**CMCP**	Chuckle of the day	**COTD**
Call my house	**CMH**	Chuckle to myself	**CTM**
Call to action	**CTA**	City	**C-T**
Calm yourself	**CY**	Close of business	**COB**
Can you believe it	**CUBI**	Close your eyes	**CYE**
Can	**Cn**	Coffee break	**CB**
Can't talk now	**CTN**	Coffee in, coffee out	**CICO**
Can't talk parents coming	**CTPC**	Come on I won't	
Can't talk	**CT**	tell anyone	**COIWTA**
Can't be bothered	**CBB**	Come on	**CmOn**
Can't remember a thing	**CRAT**	Come right back	**CRB**
Can't stop laughing	**CSL**	Comment back	**C/B**
Can't wait to see you	**CW2SY**	Comment me back	**CMB**
Care to chat or		Complete waste of time	**CWOT**
Call the cell	**CTC or C2C**	Congratulations	**Cg or Gratz**
Catch up with you later	**CUWUL**	Consider it done	**CID**
Change of subject	**C/S or COS**	Continued in next post	**CINP**
Change the subject	**CTS**	Cool as a cucumber	**CAAC**
Chat with you later	**CWYL**	Cool	**Kewl**

		Cross post	**C/P**
Correct me if I'm wrong	**CMIIW**	Crossing	**Xing**
Couldn't care less	**CCL**	Crying out loud	**COL**
Count my fingers	**CMF**	Crying real big tears	**CRBT**
Cover your ass	**CYA**	Cutie	**QT**
Crack me up	**CMU**		

D

D&R4C	Ducking and running for cover
D/C	Disconnected
D8	Date
DAMHIKT	Don't ask me how I know that
DBA	Doing business as
DB8	Debate
DC	Don't care
DD	Don't die
DD	Drop dead
DDD	Direct distance dial
DDG	Drop dead gorgeous
Def	Definitely
DETI	Don't even think it
DF	Dear Friend
DGA	Don't go anywhere
DGMS	Don't get me started
DGT	Don't go there
DGTGf	Don't go there girlfriend
DH	Dear Hubby
DHYB	Don't hold your breath
DIC	Do I care
DIC	Drunk in charge
Diff	Difference
DIKU	Do I know you

DILLIC	Do I look like I care
DITR	Dancing in the rain
DITYID	Did I tell you I'm distressed
DIY	Do it yourself
DK	Don't know
DKDC	Don't know, don't care
Dl or D/L	Download
DLF	Dropping like flies
DLN	Don't look now
DLTBBB	Don't let the bed bugs bite
DLTM	Don't lie to me
DMI	Don't mention it
DMWM	Don't mess with me
DMY	Don't mess yourself
DN	Don't know
DNC	Does not compute
DND	Do not disturb
DOA	Dead on arrival
DOB	Date of birth
DOE	Depends on experience
DOS	Denial of service
DOTC	Dancing on the ceiling
DP	Domestic partner
DQMOT	Don't quote me on this

DQYDJ	Don't quit your day job
DRIB	Don't read if busy
DTA	Don't trust anyone
DTRT	Do the right thing
DTTM	Don't talk to me
DUI	Driving under the influene
DUST	Did you see that
DW or D/W	Don't worry
DWB	Don't write back
DWBH	Don't worry be happy
DWI	Driving while intoxicated

DWMT	Don't waste my time
DWS	Driving while stupid
DWT	Don't wanna talk
DWYM	Does what you mean
DBEYR	Don't believe everything you read
DYC	Don't you care
DYFM	Dude you fascinate me
DYHABf	Do you have a boyfriend
DYHAGf	Do you have a girlfriend
DYJHIW	Don't you just hate it when
DYK	Did you know
DYNM	Do you know me

D

Dancing in the rain	**DITR**	Do you know me	**DYNM**
Dancing on the ceiling	**DOTC**	Does not compute	**DNC**
Date of birth	**DOB**	Does what you mean	**DWYM**
Date	**D8**	Doing business as	**DBA**
Dead on arrival	**DOA**	Domestic partner	**DP**
Dear Friend	**DF**	Don't care	**DC**
Dear Hubby	**DH**	Don't die	**DD**
Debate	**Db8**	Don't get me started	**DGMS**
Definitely	**Def**	Don't go there	**DGT**
Denial of service	**DOS**	Don't know	**DK**
Depends on experience	**DOE**	Don't know	**DN**
Did I tell you I'm distressed	**DITYID**	Don't know, don't care	**DKDC**
Did you know	**DYK**	Don't look now	**DLN**
Did you see that	**DUST**	Don't mess with me	**DMWM**
Difference	**Diff**	Don't mess yourself	**DMY**
Direct distance dial	**DDD**	Don't talk to me	**DTTM**
Disconnected	**D/C**	Don't trust anyone	**DTA**
Do I care	**DIC**	Don't wanna talk	**DWT**
Do I know you	**DIKU**	Don't waste my time	**DWMT**
Do I look like I care	**DILLIC**	Don't worry	**D/W**
Do it yourself	**DIY**	Don't worry	**DW**
Do not disturb	**DND**	Don't you care	**DYC**
Do the right thing	**DTRT**		
Do you have a boyfriend	**DYHABf**		
Do you have a girlfriend	**DYHAGf**		

Don't ask me how I know that	**DAMHIKT**	Download	**D/L**
Don't believe everything you read	**DBEYR**	Download	**DL**
		Driving under the influence	**DUI**
Don't even think it	**DETI**	Driving while intoxicated	**DWI**
Don't go anywhere	**DGA**	Driving while stupid	**DWS**
Don't go there girlfriend	**DGTGf**	Drop dead gorgeous	**DDG**
Don't go there	**DGT**	Drop dead	**DD**
Don't hold your breath	**DHYB**	Dropping like flies	**DLF**
Don't let the bed bugs bite	**DLTBBB**	Drunk in charge	**DIC**
Don't lie to me	**DLTM**	Ducking and running for cover	**D&R4C**
Don't mention it	**DMI**	Dude you fascinate me	**DYFM**
Don't quit your day job	**DQYDJ**		
Don't quote me on this	**DQMOT**		
Don't read if busy	**DRIB**		
Don't worry be happy	**DWBH**		
Don't write back	**DWB**		
Don't you just hate it when...	**DYJHIW**		

E

E123	Easy as One, Two, Three	**EOT**	End of thread
EAK	Eating at keyboard		(meaning: end of discussion)
EFT	Electronic funds transfer	**EOY**	End of year
EG	Evil grin	**EPTAS**	Every picture tells a story
EIL	Explode into laughter	**ESEMED**	Every second, every minute,
EL	Evil laugh		every day
El!t	Elite	**ESO**	Equipment smarter than
EM	Excuse me		operator
EMFBI	Excuse me for butting in	**ETA**	Estimated time of arrival
EMI	Excuse my ignorance	**Ev1**	Everyone
EML	Email me later	**Evre1**	Everyone
EMRTW	Evil monkey's rule the	**EWI**	E-mailing while intoxicated
	world	**EX-Bf**	Ex-boyfriend
EMsg	E-mail message	**EX-Gf**	Ex-girlfriend
Enuf	Enough	**Exp**	Experience
EOB	End of business	**EZ**	Easy
EOD	End of day		
EOF	End of file		
EOM	End of message		
EOS	End of story		

E

Easy as One, Two, Three	**E123**		Every picture tells a story	**EPTAS**
Easy	**EZ**		Every second, every minute,	
Eating at keyboard	**EAK**		every day	**ESEMED**
Electronic funds transfer	**EFT**		Everyone	**Ev1 or Evre1**
Elite	**El!t**		Evil grin	**EG**
Email me later	**EML**		Evil laugh	**EL**
E-mail message	**EMsg**		Evil monkey's rule the	
E-mailing while intoxicated	**EWI**		world	**EMRTW**
End of business	**EOB**		Examine your zipper	**XYZ**
End of day	**EOD**		Ex-boyfriend	**XBf or EX-Bf**
End of file	**EOF**		Excellent	**Xlnt**
End of message	**EOM**		Except	**Xcpt**
End of story	**EOS**		Excess	**Xs**
End of thread(end of discussion)	**EOT**		Exciting	**X-I-10**
End of year	**EOY**		Excuse me for butting in	**EMFBI**
Energy	**Nrg**		Excuse me	**EM**
Enjoy	**Njoy**		Excuse me	**XMe**
Enough said	**Nuff**		Excuse my ignorance	**EMI**
Enough	**Enuf**		Ex-girlfriend	**XGf or EX-Gf**
Equipment smarter than			Exit	**Xit**
operator	**ESO**		Experience	**Exp**
Estimated time of arrival	**ETA**		Explode into laughter	**EIL**

F

F2F	Face-to-face	**FN**	First name
F2P	Free to play	**FNAR**	For no apparent reason
F2T	Free to talk	**Fnci**	Fancy
Fab	Fabulous	**FNPR**	For no particular reason
FAQ	Frequently asked questions	**FOAF**	Friend of a friend
FAQL	Frequently asked questions list	**FOB**	Fresh off the boat
		FOC	Free of charge
FAWC	For anyone who cares	**FOFL**	Falling on floor laughing
FBKS	Failure between keyboard and seat	**FOMCL**	Falling off my chair laughing
FBTW	Fine be that way	**FOTM**	Flavor of the month
FC	Fruit cake	**FOV**	Field of view
FCFS	First come first serve	**Frk**	Freak
FE	Fatal error	**Frm**	From
FF	Friends Forever	**FSR**	For some reason
FFA	Free for all	**FTASB**	Faster than a speeding bullet
FgtAI	Forget about it	**FTBOMH**	From the bottom of my heart
FILTHK	Failed in London, try Hong Kong		
FISH	First in, still here	**FTF**	Face to face
FITB	Fill in the blanks	**FTFY**	Fixed that for you
FLA	Four letter Acronym	**FTIO**	Fun time is over
FLOABT	For lack of a better term	**FTL**	Faster than light
FMAO	Freezing my ass off	**FTR**	For the record
FMTYEWTK	Far more than you ever wanted to know	**FTTB**	For the time being
		FTW	For the win

FUD	Fear, uncertainty, and disinformation	**FYE**	For your edification
FWB	Friends with benefits	**FYEO**	For your eyes only
Fwd	Forward	**FYI**	For your information
FWIW	For what it's worth	**FYLTGE**	From your lips to Gods ears
Fxe	Foxy	**FYM**	For your misinformation
FYA	For your amusement	**FYSBIGTBABN**	- Fasten your seatbelts, it's going to be a bumpy night

F

Fabulous	**Fab**	First name	**FN**
Face to face	**FTF**	Fixed that for you	**FTFY**
Face-to-face	**F2F**	Flavor of the month	**FOTM**
Failed in London, try		For anyone who cares	**FAWC**
Hong Kong	**FILTHK**	For lack of a better term	**FLOABT**
Failure between keyboard		For no apparent reason	**FNAR**
and seat	**FBKS**	For no particular reason	**FNPR**
Falling off my chair		For some reason	**FSR**
laughing	**FOMCL**	For the record	**FTR**
Falling on floor laughing	**FOFL**	For the time being	**FTTB**
Fancy	**Fnci**	For the win	**FTW**
Far more than you ever		For what it's worth	**FWIW**
wanted to know	**FMTYEWTK**	For your amusement	**FYA**
Fasten your seatbelts, it's going		For your edification	**FYE**
to be a bumpy night	**FYSBIGTBABN**	For your eyes only	**FYEO**
Faster than a speeding		For your information	**FYI**
Bullet	**FTASB**	For your misinformation	**FYM**
Faster than light	**FTL**	Forget about it	**FgtAI**
Fatal error	**FE**	Forward	**Fwd**
Fear, uncertainty, and		Four letter acronym	**FLA**
disinformation	**FUD**	Foxy	**Fxe**
Field of view	**FOV**	Freak	**Frk**
Fill in the blanks	**FITB**	Free for all	**FFA**
Fine be that way	**FBTW**	Free of charge	**FOC**
First come first serve	**FCFS**	Free to play	**F2P**
First in, still here	**FISH**	Free to talk	**F2T**

Freezing my ass off	**FMAO**	From the bottom of	
Frequently asked		my heart	**FTBOMH**
questions list	**FAQL**	From your lips to	
Frequently asked questions	**FAQ**	Gods ears	**FYLTGE**
Fresh off the boat	**FOB**	From	**Frm**
Friend of a friend	**FOAF**	Fruit cake	**FC**
Friends forever	**FF**	Fun time is over	**FTIO**
Friends with benefits	**FWB**		

G

G	Guess -or- Grin	**GD&R**	Grinning, ducking and running
G/G	Got to go		
G2G	Got to go	**Gf**	Girlfriend
G2GLYS	Got to go, love ya so	**GFE2E**	Grinning from ear to ear
G2BG	Got to be going	**GFI**	Go for it
G2CY	Glad to see you	**GFN**	Gone for now
G4U	Good for you	**GFTD**	Gone for the day
G4Y	Good for you	**Gfx**	Graphics
G8	Gate	**GFY**	Good for you
GA	Go ahead	**GG**	Good game (or) gotta go
GAJ	Get a job	**GGG**	Go, go, go!
GAL	Get a life	**GGN**	Gotta go now
GALGAL	Give a little get a little	**GGP**	Gotta go pee
GALHer	Get a load of her	**GH**	Good half
GALHim	Get a load of him	**GI**	Google It
GAP	Got a Picture?	**GIGO**	Garbage in, garbage out
GAS	Got a second	**GIWIST**	Gee, I wish I'd said that
GB	Go back	**GJ**	Good job
GBTW	Go back to work	**GJP**	Good job partner
GBG	Great big grin	**GJT**	Good job team
GBH	Great big hug	**GL**	Good luck -or- Get lost
GBU	God bless you	**GLG**	Good looking girl
Gby	Goodbye	**GLNHF**	Good luck and have fun
Gd4U	Good for you	**GLYASDI**	God loves you and so do I
Gday	Goodday	**GM**	Good morning
		GMAB	Give me a break

GMTA	Great minds think alike	**GR&D**	Grinning, running, and ducking
GMTFT	Great minds think for themselves	**Gr8**	Great
GMYBS	Give me your best shot	**Gratz**	Congratulations
GN	Good night	**Grrr**	Angry or Growling
GNBLFY	Got nothing but love for you	**GRTG**	Getting ready to go
GNSTDLTBBB	Good night sleep tight don't let the bed bugs bite	**GSOAS**	Go sit on a snake
		GSOH	Good sense of humor
GNSD	Good night, sweet dreams	**GTB**	Go to bed
GOI	Get over it	**GTG**	Got to go
GOIA	Get over it already	**GTGB**	Got to go, bye
GOK	God only knows	**GTGP**	Got to go pee
GOL	Giggling out loud	**GTK**	Good to know
GOML	Get out of my life	**GTR**	Got to run
GOOH	Get out of here	**GTM**	Giggle to myself
GOOMH	Get out of my head	**GTTY**	Good talking to you
GOS	Gay or straight	**GTRM**	Going to read mail
GOYHH	Get off your high horse	**GTSY**	Glad to see you
GP	Good point	**GUd**	Geographically undesirable
GPB	Gotta pee bad	**GW**	Good work
GPWM	Good point, well made	**GWS**	Get well soon

G

Garbage in, garbage out	**GIGO**	Go back to work	**GBTW**
Gate	**G8**	Go back	**GB**
Gay or straight	**GOS**	Go for it	**GFI**
Gee, I wish I'd said that	**GIWIST**	Go sit on a snake	**GSOAS**
Geographically undesirable	**GUd**	Go to bed	**GTB**
Get a job	**GAJ**	Go, go, go!	**GGG**
Get a life	**GAL**	God bless you	**GBU**
Get a load of her	**GALHer**	God loves you and so do I	**GLYASDI**
Get a load of him	**GALHim**	God only knows	**GOK**
Get off your high horse	**GOYHH**	Going to read mail	**GTRM**
Get out of here	**GOOH**	Gone for now	**GFN**
Get out of my head	**GOOMH**	Gone for the day	**GFTD**
Get out of my life	**GOOML**	Goodbye	**Gby**
Get over it already	**GOIA**	Goodday	**Gday**
Get over it	**GOI**	Good for you	**G4U**
Get well soon	**GWS**	Good for you	**G4Y**
Getting ready to go	**GRTG**	Good for you	**Gd4U**
Giggle to myself	**GTM**	Good for you	**GFY**
Giggling out loud	**GOL**	Good game (or) gotta go	**GG**
Girlfriend	**Gf**	Good half	**GH**
Give a little get a little	**GALGAL**	Good job partner	**GJP**
Give me a break	**GMAB**	Good job team	**GJT**
Give me your best shot	**GMYBS**	Good job	**GJ**
Glad to see you	**G2CY or GTSY**		
Go ahead	**GA**		

		Got to go love ya so	**G2GLYS**
Good looking girl	**GLG**	Got to go pee	**GTGP**
Good luck, have fun	**GL/HF**	Got to go	**G/G**
Good luck -or- Get lost	**GL**	Got to go	**G2G**
Good morning	**GM**	Got to go	**GTG**
Good night sleep tight don't		Got to go, bye	**GTGB**
let the bed bugs bite	**GNSTDLTBBB**	Got to run	**GTR**
Good night	**GN**	Gotta go now	**GGN**
Good night, sweet dreams	**GNSD**	Gotta go pee	**GGP**
Good point	**GP**	Gotta pee bad	**GPB**
Good talking to you	**GTTY**	Graphics	**Gfx**
Good to know	**GTK**	Great big grin	**GBG**
Good work	**GW**	Great big hug	**GBH**
Good-bye, also seen as ::poof::	**POOF**	Great minds think alike	**GMTA**
Good point, well made	**GPWM**	Great minds think for	
Good sense of humor	**GSOH**	themselves	**GMTFT**
Google it	**GI**	Great	**Gr8**
Got a picture?	**GAP**	Grinning from ear to ear	**GFE2E**
Got a second	**GAS**	Grinning, ducking and	
Got nothing but love for you		running	**GD&R**
	GNBLFY	Growling	**Grrr**
Got to be going	**G2BG**	Guess -or- Grin	**G**

H

H&K	Hugs and Kisses
H/O	Hold on
H/U	Hold up
H/P	Hold please
H/W	Homework
H2CUS	Hope to see you soon
H2O	Water
H4XX0R	A "hacker" or "to be hacked"
HAGD	Have a great day
HAGN	Have a good night
HAGO	Have a good one
HAGS	Have a great summer
HAK	Hugs and Kisses
HAND	Have a nice day
HAWTLW	Hello and welcome to last week
HAYD	How are you doing
HB	Hurry back
HBUorHBY	How about you
HBB	Hip beyond belief
HBTY	Happy birthday to you
Hd	Hold
HF	Hello friend -or- have fun
HHIS	Hanging head in shame
HHO1/2K	Ha ha, only half kidding

HHOJ	Ha-ha, only joking
HHOK	Ha ha, only kidding
HHOS	Ha-ha, only being serious
HHTY(AY)	Happy holidays to you (and yours) optional
HIG	How's it going
HIH	Hope it helps
HIOOC	Help, I'm out of coffee
HITAKS	Hang in there and keep smiling
HMB	Hold me back
Hmwk	Homework
HNTI	How nice that (or this) is
HNTW	How nice that was
HoHa	Hollywood hacker
HO	Hold on
HRU	How are you
HRUD	How are you doing
Hs	Headshot
HSIK	How should I know
HT	Hi there
HTH	Hope this (or that) helps
HTNOTH	Hit the nail on the head
HUA	Heads up ace

		HWGA	Here we go again
Hugz	Hugs	**HWG**	Here we go
Hw	Homework	**HYG**	Here you go

H

"Hacker" or "to be hacked"	**H4XX0R**	Here you go	**HYG**
Ha ha, only half kidding	**HHO1/2K**	Hi there	**HT**
Ha ha, only kidding	**HHOK**	Hip beyond belief	**HBB**
Ha-ha, only being serious	**HHOS**	Hit the nail on the head	**HTNOTH**
Ha-ha, only joking	**HHOJ**	Hold me back	**HMB**
Hang in there and keep smiling	**HITAKS**	Hold on	**HO or H/O**
Hanging head in shame	**HHIS**	Hold please	**H/P**
Happy birthday to you	**HBTY**	Hold up	**H/U**
Happy holidays to you		Hold	**Hd**
(and yours) optional	**HHTY(AY)**	Hollywood hacker	**HoHa**
HaR haR haR (instead of LOL)	**RRR**	Homework	**Hw or H/W or Hmw**
Have a good night	**HAGN**	Hope it helps	**HIH**
Have a good one	**HAGO**	Hope this (or that) helps	**HTH**
Have a great day	**HAGD**	How about you	**HBY or HBU**
Have a great summer	**HAGS**	How are you doing	**HRUD or HAYD**
Have a nice day	**HAND**	How are you	**HRU**
Heads up ace	**HUA**	How nice that was	**HNTW**
Headshot	**Hs**	How nice that (or this) is	**HNTI**
Hello and welcome to last week	**HAWTL**	How should I know	**HSIK**
Hello friend -or- have fun		How's it going	**HIG**
-or- have faith	**HF**	Hugs and Kisses	**HAK or H&K or XOXO**
Help, I'm out of coffee	**HIOOC**	Hugs	**Hugz**
Here we go again	**HWGA**	Hurry back	**HB**
Here we go	**HWG**		

I

I 1dr	I wonder	**ICYDK**	In case you didn't know
I C	I see	**IDC**	I don't care
I<3 y	I love you	**IDDI**	I didn't do it
I8	Alright	**IDEC**	I don't even care
I8U	I hate you	**IDGI**	I don't get it
IAB	I am bored	**IDK**	I don't know
IAC	In any case	**IDKH**	I don't know how
IAE	In any event	**IDKT**	I don't know that
IAG	It's all good	**IDKW**	I don't know why
IAITS	It's all in the subject	**IDKWTS**	I don't know what to say
IASAP4U	I always say a prayer for you	**IDKY**	I don't know you
IAWU	I agree with you	**Idl**	Ideal
IB	I'm back	**IDLY**	I don't like you
IBIWISI	I'll believe it when I see it	**IDM**	It doesn't matter
IBRB	I will be right back	**IDN**	I don't know
IBT	In between technology	**IDOP**	It depends on price
IBTD	I beg to differ	**IDR**	I don't remember
IBTL	In before the lock	**IDRTS**	I don't really think so
IC	In character	**IDST**	I didn't say that
ICBW	I could be wrong	**IDTS**	I don't think so
ICBYST	I can't believe you said that	**IDUWYM**	I don't understand what you mean
ICTRN	I can't talk right now	**IDWK**	I don't wanna know
ICTY	I can't tell you	**IDWT**	I don't want to
ICW	I care why?	**IDWTG**	I don't want to go

IFAB	I found a bug	**IKM**	I know man
IfF	If and only if	**IKR**	I know really
IFTHTB	I find that hard to believe	**IKWUM**	I know what you meant
		IKWYM	I know what you mean
IGGP	I gotta go pee	**ILA**	I love acronyms
IGTP	I get the point	**IlBCnU**	I'll be seeing you
IH2P	I have to pass	**IICUL8r**	I'll see you later
IH8U	I hate you	**ILU**	I like you
IHA	I hate acronyms	**ILU**	I love you
IHAC	I have a customer	**ILUSM**	I love you so much
IHAIM	I have another instant message	**IluvUM&MED**	I love you more and more each day
IHNI	I have no idea	**ILUWAMH**	I love you with all my heart
IHNO	I have no opinion		
IHT	I heard that	**ILY**	I love you
IHTFP	I have truly found paradise	**ILY2**	I love you too
IHU	I hear you	**ILYLC**	I love you like crazy
IHY	I hate you	**ILYM**	I love you more
IIIO	Intel inside, Idiot outside	**IM**	Instant Messaging -or- Immediate Message
IIMAD	If it makes a(ny) difference		
IIR	If I remember or if I recall	**Im2Bz2P**	I am too busy to (even) pee!
IIRC	If I remember correctly or if I recall correctly	**IMAO**	In my arrogant opinion
IIUC	If I understand correctly	**ImB**	I am back
IIWM	If it were me	**IMCO**	In my considered opinion
IK	I know	**ImH**	I am here
IKALOPLT	I know a lot of people like that	**IMHE**	In my humble experience
IKI	I know it	**IMHEIUO**	In my high exalted informed

	unassailable opinion	**ISG**	I speak geek
IMHO	In my humble opinion	**ISH**	Insert sarcasm here
ImNAE	I am not an expert	**ISO**	In search of
ImNAL	I am not a lawyer	**ISS**	I said so or I'm so sorry
ImNL	I am not laughing	**ISTM**	It seems to me
ImNS	I am not sure	**ISTR**	I seem to remember
IMNSHO	In my not so humble	**ISWYM**	I see what you mean
	opinion	**ISYALS**	I'll send you a letter soon
IMO	In my opinion	**ITD**	In the dark
IMOO	In my own opinion	**ITIGBS**	I think I'm going to be sick
ImS	I am sorry	**ITK**	In the know
ImT	I am tired	**ITM**	In the money
ImTB	I am the best	**ITU**	Is that you
IMtg	I am in a meeting	**ITYLTK**	I thought you'd like to know
IMWTK	Inquiring minds want to	**IUCMD**	If you catch my drift
	know	**IUKWIM**	If you know what I mean
IMY	I miss you	**IUM**	If you must
IMYA	I miss you already	**IW2MU**	I want to meet you
INMP	It's not my problem	**IWALU**	I will always love you
INNW	If not now, when	**IWC**	In which case
INPO	In no particular order	**IWK**	I wouldn't know
IOH	I'm out of here	**IWU**	I want you
IOU	I owe you	**IYD**	In your dreams
IOUD	Inside, outside, upside down	**IYDMMA**	If you don't mind
IOW	In other words		me asking
IRL	In real life	**IYF**	In your face
IRT	In reply to	**IYKWIM**	If you know what I mean
ISAGN	I see a great need	**IYKWIMAITYD**	- If you know what
ISBYA	I'm sorry but you asked		I mean and I think you do

IYO   In your opinion

IYSS   If you say so

IYSWIM If you see what I mean

I

I agree with you	**IAWU**
I always say a prayer for you	
	IASAP4U
I am back	**ImB**
I am bored	**ImB**
I am here	**ImH**
I am in a meeting	**IMtg**
I am not a lawyer	**ImNAL**
I am not an expert	**ImNAE**
I am not laughing	**ImNL**
I am not sure	**IANS**
I am sorry	**ImS**
I am the best	**ImTB**
I am tired	**ImT**
I am too busy to (even) pee!	**Im2Bz2P**
I beg to differ	**IBTD**
I can't believe you said that	**ICBYST**
I can't talk right now	**ICTRN**
I can't tell you	**ICTY**
I care why?	**ICW**
I could be wrong	**ICBW**
I didn't do it	**IDDI**
I didn't say that	**IDST**
I don't even care	**IDEC**
I don't know	**IDN**

I don't know how	**IDKH**
I don't know that	**IDKT**
I don't know what to say	**IDKWTS**
I don't know why	**IDKW**
I don't know	**Dunno**
I don't like you	**IDLY**
I don't really think so	**IDRTS**
I don't remember	**IDR**
I don't understand what you mean	**IDUWYM**
I don't wanna know	**IDWK**
I don't want to go	**IDWTG**
I don't want to	**IDWT**
I don't care	**IDC**
I don't get it	**IDGI**
I don't know you	**IDKY**
I don't know	**IDK**
I don't think so	**IDTS**
I find that hard to believe	**IFTHTB**
I found a bug	**IFAB**
I get the point	**IGTP**
I gotta go pee	**IGGP**
I hate acronyms	**IHA**
I hate you	**I8U**
I hate you	**IH8U**
I hate you	**IHY**

I have a customer	**IHAC**	I miss you already	**IMYA**
I have another instant message	**IHAIM**	I miss you	**IMY**
I have no idea	**IHNI**	I owe you	**IOU**
I have no opinion	**IHNO**	I said so or I'm so sorry	**ISS**
I have to pass	**IH2P**	I see a great need	**ISAGN**
I have truly found paradise	**IHTFP**	I see what you mean	**ISWYM**
I hear you	**IHU**	I see	**I C**
I heard that	**IHT**	I seem to remember	**ISTR**
I know a lot of people like that		I speak geek	**ISG**
	IKALOPLT	I think I'm going to be sick	**ITIGBS**
I know it	**IKI**	I thought you'd like to know	**ITYLTK**
I know man	**IKM**	I want to meet you	**IW2MU**
I know really	**IKR**	I want you	**IWU**
I know what you mean	**IKWYM**	I will always love you	**IWALU**
I know what you meant	**IKWUM**	I will be right back	**IBRB**
I know	**IK**	I wonder	**I 1dr**
I like you	**ILU**	I wouldn't know	**IWK**
I love acronyms	**ILA**	I'll be seeing you	**IlBCnNU**
I love you like crazy	**ILYLC**	I'll see you later	**IlCUL8r**
I love you more	**ILYM**	I'm back	**IB**
I love you more and more		I'm sorry but you asked	**ISBYA**
each day	**IluvUM&MED**	Ideal	**Idl**
I love you so much	**ILUSM**	If and only if	**IfF**
I love you too	**ILY2**	If I remember correctly	**IIRC**
I love you with all my heart		If I remember or if I recall	**IIR**
	ILUWAMH	If I understand correctly	**IIUC**
I love you	**I<3 y**	If it makes a(ny) difference	**IIMAD**
I love you	**ILU**	If it were me	**IIWM**
I love you	**ILY**	If not now, when	**INNW**

If you catch my drift	**IUCMD**	In no particular order	**INPO**
If you don't mind me asking	**IYDMMA**	In other words	**IOW**
If you know what I mean	**IUKWIM**	In real life	**IRL**
If you know what I mean and I think you do	**IYKWIMAITYD**	In reply to	**IRT**
		In search of	**ISO**
If you must	**IUM**	In the dark	**ITD**
If you say so	**IYSS**	In the know	**ITK**
If you see what I mean	**IYSWIM**	In the money	**ITM**
I'll believe it when I see it	**IBIWISI**	In which case	**IWC**
I'll send you a letter soon	**ISYALS**	In your dreams	**IYD**
I'm outta here	**IOH**	In your face	**IYF**
In a while	**NAYl**	In your opinion	**IYO**
In any case	**IAC**	Inquiring minds want to know	**IMWTK**
In any event	**IAE**	Insert sarcasm here	**ISH**
In before the lock	**IBTL**	Inside, outside, upside down	**IOUD**
In between technology	**IBT**	Instant Messaging	**IM**
In case you didn't know	**ICYDK**	Intel inside, Idiot outside	**IIIO**
In character	**IC**	It depends on price	**IDOP**
In my arrogant opinion	**IMAO**	It doesn't matter	**IDM**
In my considered opinion	**IMCO**	It seems to me	**ISTM**
In my humble experience	**IMHE**	It's all good	**IAG**
In my humble opinion	**IMHO**	It's all in the subject	**IAITS**
In my not so humble opinion	**IMNSHO**	It's not my problem	**INMP**
In my opinion	**IMO**		
In my own opinion	**IMOO**		

J

J/C	Just checking or just curious	**JJ**	Just joking
J/J	Just joking	**JK**	Just kidding
J/K	Just kidding	**JKA**	Just kidding around
J/P	Just playing	**JM2C**	Just my 2 cents
J/W	Just wondering	**JMA**	Just messing around
J2LYK	Just to let you know	**JMO**	Just my opinion
J4F	Just for fun	**JMS**	Just making sure
J4G	Just for grins	**JOM**	Just one minute
J4R	Just for reference	**JOOC**	Just out of curiosity
J4U	Just for you	**JOOTT**	Just one of those things
J5M	Just five minutes	**JP**	Just playing
JAD	Just another day	**JSU**	Just shut up
JAM	Just a minute or Just ask me	**JSUK**	Just so you know
JAS	Just a second	**JT**	Just teasing
JC	Just curious	**JTLYK**	Just to let you know
JCATH	Just chilling at the house	**JTOI**	Just thought of it
JDI	Just do it	**JTYSK**	Just thought you should know
JFI	Just forget it		
JHM	Just hold me	**JUADLAM**	Jumping up and down like a monkey
JIC	Just in case		
JIT	Just in time	**JW**	Just wondering

J

Jumping up and down like a monkey	**JUADLAM**	Just kidding around	**JKA**
Just a minute or just ask me	**JAM**	Just kidding	**J/K**
Just a second	**JAS**	Just kidding	**JK**
Just another day	**JAD**	Just making sure	**JMS**
Just checking or Just curious	**J/C**	Just messing around	**JMA**
Just chilling at the house	**JCATH**	Just my 2 cents	**JM2C**
Just curious	**JC**	Just my opinion	**JMO**
Just do it	**JDI**	Just one minute	**JOM**
Just five minutes	**J5M**	Just one of those things	**JOOTT**
Just for fun	**J4F**	Just out of curiosity	**JOOC**
Just for grins	**J4G**	Just playing	**J/P**
Just for reference	**J4R**	Just playing	**JP**
Just for you	**J4U**	Just shut up	**JSU**
Just forget it	**JFI**	Just so you know	**JSUK**
Just hold me	**JHM**	Just teasing	**JT**
Just in case	**JIC**	Just thought of it	**JTOI**
Just in time	**JIT**	Just thought you should know	**JTYSK**
Just joking	**J/J**	Just to let you know	**J2LYK**
Just joking	**JJ**	Just to let you know	**JTLYK**
		Just wondering	**J/W or JW**

K

K	K	**KOL**	Kiss on lips
K4Y	Kiss for you	**KK**	Kiss kiss
KA	Kick ass	**KMP**	Keep me posted
Kbd	Keyboard	**Knk**	Knock
Kewl	Cool	**KOTC**	Kiss on the cheek
KFY	Kiss for you	**KOTL**	Kiss on the lips
KIA	Killed in Action	**KPC**	Keeping parents clueless
KIR	Keep it real	**KUTGW**	Keep up the good work
KIS	Keep it simple	**KWIM**	Know what I mean
KIT	Keep in touch	**KYFC**	Keep your fingers crossed

KIT

K

Keep in touch	**KIT**	Killed in Action	**KIA**
Keep it real	**KIR**	Kiss "sound of"	**Mwah**
Keep it simple	**KIS**	Kiss for you	**KFY or K4Y**
Keep me posted	**KMP**	Kiss kiss	**KK**
Keep up the good work	**KUTGW**	Kiss on lips	**KOL**
Keep your fingers crossed	**KYFC**	Kiss on the cheek	**KOTC**
Keeping parents clueless	**KPC**	Kiss on the lips	**KOTL**
Keyboard	**Kbd**	Knock	**Knk**
Kick ass	**KA**	Know what I mean	**KWIM**

L

L2P	Learn to play	**LMTCB**	Left message to call back
L8	Late	**LN**	Last name
L8r	Later	**LOL**	Laughing out loud -or-
LAK	Love and kisses		Lots of luck (or love)
LAM	Leave a message	**LOLA**	Laugh out loud again
LAT	Laugh at that	**LOML**	Love of my life
LAU	Laugh at you	**LONH**	Lights on, nobody home
LBR	Little boy's room	**LOOL**	Laughing outrageously out
LD	Long distance/Later dude		loud
LDR	Long distance relationship	**LOPSOD**	Long on promises, short on
LDTTWA	Let's do the time warp again		delivery
LFTI	Looking forward to it	**LOTI**	Laughing on the inside
LGMAS	Lord give me a sign	**LOU**	Laughing over you
LGR	Little girl's room	**LPMS**	Life pretty much sucks
LGS	Let's go shopping	**LRF**	Little rubber feet
LHO	Laughing head off	**LSV**	Language, Sex, Violence
LIFO	Last in first out	**LSUDI**	Lets see you do it
LIS	Laughing in silence	**LTIC**	Laughing 'til I cry
LKITR	Little kid in the room	**LTM**	Laugh to myself
LLTA	Lots and lots of thunderous	**LTNS**	Long time no see
	applause	**LTR**	Long term relationship
LMA	Leave me alone	**LU2**	Love you too
LMIRL	Let's meet in real life	**LUL**	Love you lots
LMK	Let me know	**LULAB**	Love you like a brother
LMO	Leave me one	**LULAS**	Love you like a sister
LMSO	Laughing my socks off		

LULU	Locally undesireable land use
LWR	Launch when ready
LY	Love you
LY4E	Love you forever
LYB	Love ya babe
LYCYLBB	Love you, see you later, bye bye
Lyf or Lif	Life
LYKYAMY	Love ya, kiss ya, already miss ya
LYL	Love you lots
LYLAB	Love you like a brother
LYLAD	Love you like a dad
LYLAM	Love you like a mom
LYLAS	Love you like a sister
LYLB	Love ya later bye
LYMI	Love ya, mean it
LYT	Love you too
LYWAMH	Love you with all my heart

L

Language, Sex, Violence	**LSV**	Let's do the time warp again	**LDTTWA**
Last in, first out	**LIFO**	Let's meet in real life	**LMIRL**
Last name	**LN**	Lets see you do it	**LSUDI**
Late	**L8**	Life	**Lyf or Lif**
Later	**L8R**	Life pretty much sucks	**LPMS**
Laugh at that	**LAT**	Lights on, nobody home	**LONH**
Laugh at you	**LAU**	Little boy's room	**LBR**
Laugh out loud again	**LOLA**	Little girl's room	**LGR**
Laugh to myself	**LTM**	Little kid in the room	**LKITR**
Laughing head off	**LHO**	Little rubber feet	**LRF**
Laughing in silence	**LIS**	Locally undesireable land use	**LULU**
Laughing my socks off	**LMSO**	Long distance relationship	**LDR**
Laughing on the inside	**LOTI**	Long distance/later dude	**LD**
Laughing out loud -or-		Long on promises,	
Lots of luck (or love)	**LOL**	short on delivery	**LOPSOD**
Laughing outrageously out loud	**LOOL**	Long term relationship	**LTR**
Laughing over you	**LOU**	Long time no see	**LTNS**
Laughing 'til I cry	**LTIC**	Looking forward to it	**LFTI**
Launch when ready	**LWR**	Lord give me a sign	**LGMAS**
Learn to play	**L2P**	Lots and lots of	
Leave a message	**LAM**	thunderous applause	**LLTA**
Leave me alone	**LMA**	Love and kisses	**LAK**
Leave me one	**LMO**	Love of my life	**LOML**
Left message to call back	**LMTCB**	Love ya babe	**LYB**
Let me know	**LMK**	Love ya later bye	**LYLB**
Let's go shopping	**LGS**		

Love ya, kiss ya, already miss ya	**LYKYAMY**	Love you lots	**LUL**
Love ya, mean it	**LYMI**	Love you lots	**LYL**
Love you forever	**LY4E**	Love you too	**LU2**
Love you like a brother	**LULAB**	Love you too	**LYT**
Love you like a brother	**LYLAB**	Love you with all my heart	**LYWAMH**
Love you like a dad	**LYLAD**	Love you, see you later, bye bye	**LYCYLBB**
Love you like a mom	**LYLAM**	Love you	**LY**
Love you like a sister	**LULAS**		
Love you like a sister	**LYLAS**		

M

M2	Me too	**MMATC**	Meet me around the corner
M4C	Meet for coffee	**MMHA2U**	My most humble apologies to you
M8 or M8s	Mate or mates		
M/B	Maybe	**MOO**	Mud, object-oriented
MA	Mature audience	**MOOS**	Member of the opposite sex
MAYA	Most advanced yet accessible	**MoP**	Moment please
		MorF	Male or Female
MB	Message board	**MOTD**	Message of the day
MBN	Must be nice	**MPTY**	More power to you
M/F	Male or female	**Msg**	Message
MFD	Multi-function device	**MSMD**	Monkey see monkey do
MHBFY	My heart bleeds for you	**MTBF**	Mean time before failure
MHH	My head hurts	**MTF**	More to follow
MHOTY	My hat's off to you	**MTFBWY**	May the force be with you
MIA	Missing in action	**MTLA**	My true love always
MIHYAP	May I have your attention please	**MUBAR**	Messed up beyond all recognition
MITIN	More info than I needed	**MUL**	Miss you lots
MIQ	Make it quick	**MUSM**	Miss you so much
MKOP	My kind of place	**Mwah**	"The sound of a kiss"
MLAS	My lips are sealed	**MWBRL**	More will be revealed later
MM	Market maker	**MYL**	Mind your language
MMD	Make my day	**MYMU**	Make your mind up
MMAMP	Meet me at my place	**MYOB**	Mind your own business

M

"The sound of a kiss"	**Mwah**	Mind your language	**MYL**
Make it quick	**MIQ**	Mind your own business	**MYOB**
Make my day	**MMD**	Miss you lots	**MUL**
Make your mind up	**MYMU**	Miss you so much	**MUSM**
Male or female	**M/F**	Missing in action	**MIA**
Male or Female	**MorF**	Moment please	**MoP**
Market maker	**MM**	Monkey see monkey do	**MSMD**
Mate or mates	**M8 or M8s**	More info than I needed	**MITIN**
Mature audience	**MA**	More power to you	**MPTY**
May I have your attention		More to follow	**MTF**
please	**MIHYAP**	More will be revealed later	**MWBRL**
May the force be with you	**MTFBWY**	Most advanced yet accessible	**MAYA**
Maybe	**M/B**	Mud, object-oriented	**MOO**
Me too	**M2**	Multi-function device	**MFD**
Mean time before failure	**MTBF**	Must be nice	**MBN**
Meet for coffee	**M4C**	My hat's off to you	**MHOTY**
Meet me around the corner	**MMATC**	My head hurts	**MHH**
Meet me at my place	**MMAMP**	My heart bleeds for you	**MHBFY**
Member of the opposite sex	**MOOS**	My kind of place	**MKOP**
Message board	**MB**	My lips are sealed	**MLAS**
Message of the day	**MOTD**	My most humble apologies	
Message	**Msg**	to you	**MMHA2U**
Messed up beyond all		My true love always	**MTLA**
recognition	**MUBAR**		

N

N/A	Not applicable -or- Not affiliated	**Ne1er**	Anyone here
N/M	Nothing much or Never mind	**Ne2H**	Need to have
		NeDN	Any day now
		NeSec	Any second
N/O	No offence	**NG**	New game
N/T	No text	**NIM**	No internal message
N1	Nice one	**NIMBY**	Not in my back yard
N2G	Not to good	**NIMJD**	Not in my job description
N2M	Not to mention -or- Not too much	**NIMQ**	Not in my queue
		NIMY	Never in a million years
N2K	Need to know	**NISM**	Need I say more
N2MJCHBU	Not too much just chillin, how about you	**NJ**	Nice job
		Njoy	Enjoy
NAB	Not a blonde	**NK**	No kidding
NAK	Nursing at keyboard	**NKT**	Never new that
NALOPKT	Not a lot of people know that	**NLT**	No later than
NAYl	In a while	**NM**	Never mind or Nothing much
NAZ	Name, Address, Zip (also means Nasdaq)	**NMH**	Not much here
		NMHBU	Not much how about you
NB4T	Not before time	**NMHJC**	Not much here, just chilling
NBD	No big deal	**NMHU**	Nothing much here, you?
NBIF	No basis in fact	**NMP**	Not my problem
NCG	New college graduate	**NMTE**	Now more than ever
Ne	Anyway	**NMW**	No matter what
Ne1	Anyone	**NN**	Not now!

NN	Night night or good night	**NRN**	No reply necessary
NNFAA	No need for an apology	**NSA**	No strings attached
NOFI	No offence intended	**NSFW**	Not safe for work
NOMW	Not on my watch	**NT**	Nice try
NON	Now or never	**NTIMM**	Not that it matters much
NOYB	None of your business	**NTK**	Nice to know
NP	No problem	**NTTAWWT**	Not that there's anything wrong with that
NQOCD	Not quite our class dear		
Nrg	Energy	**NTY**	No thank you
		NTYMI	Now that you mention it
		NuB	New person to site or game
		Nuff	Enough said
		NW	No way
		NWR	Not work related
		NYC	Not your concern

N

Name, Address, Zip		No reply necessary	**NRN**
(also means Nasdaq)	**NAZ**	No strings attached	**NSA**
Need I say more	**NISM**	No text	**N/T**
Need to have	**Ne2H**	No thank you	**NTY**
Need to know	**N2K**	No way	**NW**
Never in a million years	**NIMY**	None of your business	**NOYB**
Never mind or Nothing much	**NM**	Not a blonde	**NAB**
Never new that	**NKT**	Not a lot of people know that	**NALOPKT**
New college graduate	**NCG**	Not applicable -or- Not affiliated	**N/A**
New game	**NG**	Not before time	**NB4T**
New person to site or game	**NuB**	Not in my back yard	**NIMBY**
Nice job	**NJ**	Not in my job description	**NIMJD**
Nice one	**N1**	Not in my Queue	**NIMQ**
Nice to know	**NTK**	Not much here	**NMH**
Nice try	**NT**	Not much here, just chilling	**NMHJC**
Night night or good night	**NN**	Not much how about you	**NMHBU**
No basis in fact	**NBIF**	Not my problem	**NMP**
No big deal	**NBD**	Not now!	**NN**
No Internal Message	**NIM**	Not on my watch	**NOMW**
No kidding	**NK**	Not quite our class dear	**NQOCD**
No later than	**NLT**	Not safe for work	**NSFW**
No matter what	**NMW**	Not that it matters much	**NTIMM**
No need for an apology	**NNFAA**	Not that there's anything wrong	
No offence intended	**NOfI**	with that	**NTTAWWT**
No offence	**N/O**	Not to good	**N2G**
No problem	**NP**		

		Nothing much here, you?	NMHU
Not to mention -or-		Nothing much or Never mind	N/M
Not too much	N2M	Now more than ever	NMTE
Not too much just chillin,		Now or never	NON
how about you	N2MJCHBU	Now That You Mention It	NTYMI
Not work related	NWR	Nursing at keyboard	NAK
Not your concern	NYC		

O

O&O	Over and out	**ONID**	Oh no I didn't
O2B	Off to bed	**ONNA**	Oh no, not again
O2W	Off to work	**ONNTA**	Oh no, not this again
O4Y	Only for you	**OOAK**	One of a kind
OAO	Over and out	**OOC**	Out of character -or- Out of control
OAUS	On an unrelated subject		
OBE	Overcome by events	**OOF**	Out of facility
OBTW	Oh by the way	**OOI**	Out of interest
OC	Original character	**OOO**	Out of office
OCD	Obsessive Compulsive Disorder	**OOTB**	Out of the box -or- Out of the blue
OfC	Of course	**OOTD**	One of these days
OIC	Oh, I see	**OSLT**	Or something like that
OICU812	Oh I see you ate one too	**OSU**	Oh, shut up
OGW	Oh guess what	**OT**	Off topic
OK	All correct	**OTF**	Off the floor -or- On the phone (Fone)
OLL	On-line love		
OMB	Oh my Buddha	**OTL**	Out to lunch
OMDB	Over my dead body	**OTOH**	On the other hand
OMIF	Open mounth, insert foot	**OTP**	On the phone
OMIK	Open mouth, insert keyboard	**OTT**	Over the top
		OTTOMH	Off the top of my head
OMPl	One moment please	**OTW**	Off the wall
OMT	One more time	**OWTTE**	Or words to that effect

O

All correct	**OK**	One more time	**OMT**
O.K.	**K**	One of a kind	**OOAK**
Obsessive Compulsive Disorder	**OCD**	One of these days	**OOTD**
Of course	**OfC**	Only	**1ly**
Off the floor -or-		Only for you	**O4U**
On the phone (Fone)	**OTF**	On-line love	**OLL**
Off the top of my head	**OTTOMH**	Open mounth insert foot	**OMIF**
Off the wall	**OTW**	Open mouth, insert keyboard	**OMIK**
Off to bed	**O2B**	Or something like that	**OSLT**
Off to work	**O2W**	Or words to that effect	**OWTTE**
Off topic	**OT**	Original character	**OC**
Oh by the way	**OBTW**	Out of character -or-	
Oh guess what	**OGW**	Out of control	**OOC**
Oh I see you ate one too	**OICU812**	Out of facility	**OOF**
Oh my Buddha	**OMB**	Out of interest	**OOI**
Oh no I didn't	**ONID**	Out of office	**OOO**
Oh no, not again	**ONNA**	Out of the box -or-	
Oh no, not this again	**ONNTA**	Out of the blue	**OOTB**
Oh, I see	**OIC**	Out to lunch	**OTL**
Oh, shut up	**OSU**	Over and out	**O&O**
On an unrelated subject	**OAUS**	Over and out	**OAO**
On the other hand	**OTOH**	Over my dead body	**OMDB**
On the phone	**OTP**	Over the top	**OTT**
Once	**1s**	Overcome by events	**OBE**
One moment please	**OMPL**		
One moment please	**1MomPl**		

P

P&C	Private and Confidential	**Pix**	Pictures, photos, photographs
P2C2E	Process too complicated too explain	**Pls**	Please
		PM	Personal/Private Message
P2U4URAQTP	Peace to you for you are a cutie pie	**PMFJI**	Pardon me for jumping in
		PMIGBOM	Put mind in gear before opening mouth
P911	Parent Alert		
PAL	Parents are listening	**PMJI**	Pardon my jumping in
PAS	Pretty awesome stuff	**PNATMBC**	Pay no attention to man behind the curtain
PAW	Parents are watching		
PB	Potty break	**PND**	Possibly, not definitely
PBB	Parent behind back	**POAHF**	Put on a happy face
PBEM	Play by email	**POAK**	Passed out at keyboard
PD	Public domain	**PONA**	Person of no account
PDA	Public display of affection	**POOF**	Good-bye
PDQ	Pretty darn quick	**POS**	Parent over shoulder
PEBCAK	Problem exists between chair and keyboard	**POV**	Point of view
		Ppl	People
PFA	Please find attached	**PRW**	Parents are watching
PHB	Pointy haired boss	**PS**	Post Script
PIAPs	Pig in a pant suit	**PSO**	Product superior to operator
PICNIC	Problem in chair, not in computer	**PTH**	Prime tanning hours
		PTP	Pardon the pun
PIF	Paid in full	**PU**	That stinks
PIMP	Peeing in my pants	**Pwd**	Password
PIN	Person in need	**PWP**	Plot, what plot?!
PIR	Parent in room	**Pza**	Pizza

P

Paid in full	**PIF**	Please find attached	**PFA**
Pardon me for jumping in	**PMFJI**	Please	**Pls**
Pardon my jumping in	**PMJI**	Plot, what plot?	**PWP**
Pardon the pun	**PTP**	Point of view	**POV**
Parent Alert	**P911**	Pointy haired boss	**PHB**
Parent behind back	**PBB**	Potty break	**PB**
Parent in room	**PIR**	Pretty awesome stuff	**PAS**
Parents are listening	**PAL**	Pretty darn quick	**PDQ**
Parents are watching	**PAW or PrW**	Prime tanning hours	**PTH**
Parents over shoulder	**POS**	Private and Confidential	**P&C**
Passed out at keyboard	**POAK**	Problem exists between chair	
Password	**Pwd**	and keyboard	**PEBCAK**
Peace to you for you are		Problem in chair, not in	
a cutie pie	**P2U4URAQTP**	computer	**PICNIC**
Peeing in my pants	**PIMP**	Problem is between keyboard	
Person in need	**PIN**	and chair	**PIBKAC**
Personal Message -or-		Process too complicated	
Private Message	**PM**	too explain	**P2C2E**
Person of no account	**PONA**	Product Superior to operator	**PSO**
Pictures, photos, photographs	**Pix**	Public display of affection	**PDA**
Pig in a pantsuit	**PIAPs**	Public domain	**PD**
Pizza	**Pza**	Put on a happy face	**POAHF**
Play by email	**PBEM**		

63

Q

QL	Quit laughing
QOTD	Quote of the day
QOTY	Quote of the year
QQ	Quick question
QS	Quit scrolling
QT	Cutie

or **Q**

Quick question	**QQ**
Quit laughing	**QL**
Quit scrolling	**QS**
Quote of the day	**QOTD**
Quote of the year	**QOTY**

R

R&D	Research & Development	**ROTFLOL**	Rolling on the floor laughing out loud
R&R	Rest & relaxation		
R2G	Ready to go	**ROTGL**	Rolling on the ground laughing
R8	Rate		
RAT	Remote(ly) activated trojan	**ROTM**	Right on the money
RB@Ya	Right back at ya	**ROTW**	Rest of the world
RBAY	Right back at you	**RPG**	Role playing games
RBTL	Read between the lines	**RplBk**	Reply back
RC	Remote control	**Rrm**	Restroom
RE	Regards or hello again	**RrmB**	Restroom break
RFD	Request for discussion	**RRR**	haR haR haR (instead of LOL)
Rgr	Roger		
RTKBA	Right to keep and bear arms	**RSN**	Real soon now
RL	Real life	**RT**	Real time
RLF	Real life friend	**RTG**	Ready to go
RLBf	Real life boy friend	**RTA**	Read the article
RLGf	Real life girl friend	**RTBS**	Reason to be single
RMLB	Read my lips baby	**RTFAQ**	Read the FAQ file
RMMA	Reading my mind again	**RTG**	Ready to go
RMMM	Read my mail man	**RTK**	Return to keyboard
RN	Right now	**RTL**	Report the loss
ROFL	Rolling on floor laughing	**RTM**	Read the manual
ROR	Raffing out roud (in scooby-doo dialect)	**RTTSD**	Right thing to say dude
		RU	Are you
ROTFL	Rolling on the floor laughing	**RU/18**	Are you over 18?

RUA	Are you alone	**RUR**	Are you ready
RUF2T	Are you free to talk	**RUT**	Are you there?
RUMorF	Are you Male Or Female	**RUUp4It**	Are you up for it
RUNts	Are you nuts?	**RX or RE**	Regards
RUOK	Are you OK	**RYO**	Roll your own

R

Raffing out roud (in scooby-doo dialect)	**ROR**	Report the loss	**RTL**
Rate	**R8**	Request for discussion	**RFD**
Read between the lines	**RBTL**	Research & Development	**R&D**
Read my lips baby	**RMLB**	Rest & relaxation	**R&R**
Read my mail man	**RMMM**	Rest of the world	**ROTW**
Read the article	**RTA**	Restroom break	**RrmB**
Read the FAQ file	**RTFAQ**	Restroom	**Rrm**
Read the manual	**RTM**	Return to keyboard	**RTK**
Reading my mind again	**RMMA**	Right back at ya	**RB@Ya**
Ready to go	**RTG or R2G**	Right back at you	**RBAY**
Real life boy friend	**RLBf**	Right now	**RN**
Real life friend	**RLF**	Right on the money	**ROTM**
Real life girl friend	**RLGf**	Right thing to say dude	**RTTSD**
Real life	**RL**	Right to keep and bear arms	**RTKBA**
Real soon now	**RSN**	Roger	**Rgr**
Real time	**RT**	Role playing games	**RPG**
Reason to be single	**RTBS**	Rolling on floor laughing	**ROFL**
Regards or hello again	**RE**	Rolling on the floor laughing out loud	**ROTFLOL**
Regards	**RX**	Rolling on the floor laughing	**ROTFL**
Remote control	**RC**	Rolling on the ground laughing	**ROTGL**
Remote(ly) activated Trojan	**RAT**		
Reply back	**RplBk**		

S

S^	What's up	SITCOM	Single income, two children, oppressive mortgage
S2R	Send to receive		
S4L	Spam for life	SITD	Still in the dark
SAHM	Stay at home mom	Sk8r	Skater
SBTA	Sorry, being thick again	SLAP	Sounds like a plan
SBUG	Small bald unaudacious goal	SLAW	Sounds like a winner
SC	Stay cool	SLiRK	Smart little rich kid
SCNR	Sorry, could not resist	SLT	Something like that
Sec	Second	SMAIM	Send me an instant message
SED	Said enough darling	SME	Subject matter expert
SEP	Somebody else's problem	SMEm	Send me e-mail
SETE	Smiling ear to ear	SMH	Shaking my head
SF	Surfer friendly or Science Fiction	SMIM	Send me an instant message
		SNAG	Sensitive new age guy
SFAImA	So far as I am aware	SNERT	Snotty nosed egotistical rotten teenager
SFETE	Smiling from ear to ear		
SFSG	So far so good	SO	Significant other (ie., spouse, boy/girlfriend)
SFx	Sound effects		
SHID	Slap head in disgust	SOH	Sense of humor
SHMILY	See how much I love you	SOHF	Sense of humor failure
SIC	Spelling is correct	SOI	Self owning idiot
SICL	Sitting in chair laughing	SOIAR	Sit on it and rotate
SII	Seriously impaired imagination	SOMY	Sick of me yet
		SOP	Standard Operating Procedure
SIT	Stay in touch		
		SorG	Straight or Gay

SOT	Short on time	**STW**	Search the web
SOTMG	Short on time, must go	**STYS**	Speak to you soon
SPST	Same place, same time	**SU**	Shut up
SRO	Standing room only	**SUAKM**	Shut up and kiss me
SSC	Super sexy cute	**SUL**	See you later
SSDD	Same stuff, different day	**Sup**	What's up?
SSEWBA	Someday soon, everything will be acronyms	**SUYF**	Shut up you fool
		SWAK	Sent (or Sealed) with a kiss
SSry	So sorry	**SWALK**	Sealed with a loving kiss
STD	Seal the deal	**SWDYT**	So what do you think
STM	Spank the monkey	**SWIS**	See what I'm saying
Str8	Straight	**SWL**	Screaming with laughter
STS	So to speak	**SwtDrmz**	Sweet Dreams
		SWU	So what's up
		SYATP	See you at the party
		SYS	See you soon

S

Said enough darling	**SED**	Send to receive	**S2R**
Same place, same time	**SPST**	Sense of humor failure	**SOHF**
Same stuff, different day	**SSDD**	Sense of humor	**SOH**
Screaming with laughter	**SWL**	Sensitive new age guy	**SNAG**
Seal the deal	**STD**	Sent (or Sealed) with a kiss	**SWAK**
Sealed with a kiss	**SWAK**	Seriously impaired imagination	**SII**
Sealed with a loving kiss	**SWALK**	Shaking my head	**SMH**
Search the web	**STW**	Short on time	**SOT**
Second	**Sec**	Short on time, must go	**SOTMG**
See how much I love you	**SHMILY**	Shut up and kiss me	**SUAKM**
See what I'm saying	**SWIS**	Shut up you fool	**SUYF**
See you around the Universe	**CUATU**	Shut up	**SU**
See you at the party	**SYATP**	Sick of me yet	**SOMY**
See you in class	**CUIC**	Significant other	
See you in school	**CUNS**	(ie., spouse, boy/girlfriend)	**SO**
See you later	**CUL**	Single income, two children,	
See you later	**CUL8r**	oppressive mortgage	**SITCOM**
See you later	**SUL**	Sit on it and rotate	**SOIAR**
See you online	**CYO**	Sitting in chair laughing	**SICL**
See you or good-bye	**CU**	Skater	**Sk8r**
See you soon	**SYS**	Slap head in disgust	**SHID**
See you tomorrow	**CYT**	Sleeping, bored, tired	**ZZZ**
Self owning idiot	**SOI**	Sleepy	**C-P**
Send me an instant message	**SMAIM**	Smart little rich kid	**SLiRK**
Send me an instant message	**SMIM**	Smiling ear to ear	**SETE**
Send me e-mail	**SMEm**	Smiling from ear to ear	**SFETE**

70

Snotty nosed egotistical rotten teenager	**SNERT**	Sound effects	**SFx**
So far as I am aware	**SFAImA**	Sounds like a plan	**SLAP**
So far so good	**SFSG**	Sounds like a winner	**SLAW**
So sorry	**SSry**	Spam for life	**S4L**
So to speak	**STS**	Speak to you soon	**STYS**
So what do you think	**SWDYT**	Spelling is correct	**SIC**
So what's up	**SWU**	Standing room only	**SRO**
Somebody else's problem	**SEP**	Stay at home mom	**SAHM**
Someday soon, everything will be acronyms	**SSEWBA**	Stay cool	**SC**
		Stay in touch	**SIT**
Something like that	**SLT**	Still in the dark	**SITD**
Sorry, being thick again	**SBTA**	Straight	**Str8**
Sorry, could not resist	**SCNR**	Subject matter expert	**SME**
		Super sexy cute	**SSC**
		Surfer friendly or Science Fiction	**SF**
		Sweet Dreams	**SwtDrm**

T

T@YL	Talk at you later	TGGTG	That girl/guy has got to go
T/A	Try again	TGFT	Thank God for that
T2UL	Talk to you later	TGFUAP	Thank God for unanswered prayers
TA	Thanks again		
TAFN	That's all for now	TGIF	Thank God it's Friday
TAH	Take a hike	TGTBT	To good to be true
TANSTAAFL	There ain't no such thing as a free lunch	Thx or Tx or Thks	Thanks
		TIA	Thanks in advance
TAP	Take a pill	TIAD	Tomorrow is another day
TAS	Taking a shower	TIAIL	Think I am in love
TBA	To be advised	TIC	Tongue in cheek
TBC	To be continued	TILII	Tell it like it is
TBD	To be decided	TLA	Three letter acronym
TBH	To be honest	TLC	Tender loving care
TC	Take care or To come	TLGO	The list goes on
TCB	Trouble came back	TLITBC	That's life in the big city
TCOY	Take care of yourself	Tlk2UL8r -	Talk to you later
TDM	Too darn many	TLYK	To let you know
TEOTWAWKI	The end of the world as we know it	TM	Trust me
		TMAI	Tell me about it
TFB	Time for bed	TMI	Too much information
TFDS	That is for darn sure	TMSG	Tell me something good
TFLN	Thanks for last night	TMTOWTDI	There's more than one way to do it
TFN	Thanks for nothing -or- Till further notice		
		TNA	Temporarily not available
Tfx	Traffic	TNC	Tongue in cheek

TNT	Till next time	**TTS**	Text to speech
Tnx	Thanks	**TTT**	That's the ticket -or- To the top -or- Thought that too
TOJ	Tears of joy		
Tom	Tomorrow	**TTUL**	Talk to you later
TOPCA	Till our paths cross again	**TTYAS**	Talk to you at school
TOT	Tons of time	**TTYL**	Talk/Type to you later
Totl or ttl	Total	**TTYO**	Talk to you online
TOTP	Talking on the phone	**TTYS**	Talk to you soon
TOY	Thinking of you	**TTYT**	Talk to you tomorrow
TP	Team player or toilet paper	**TTYTT**	To tell you the truth
TPC	The phone company	**TVM**	Thank you very much
TPTB	The powers that be	**TW**	Teacher watching
TQM	Total quality management	**TWF**	That was funny
TSIA	This says it all	**TWFAF**	That's what friends are for
TSR	Totally stuck in RAM	**TWHAB**	This won't hurt a bit
TSS	That's so sweet	**TWIMC**	To Whom it may Concern
TSTB	The sooner the better	**TWIWI**	That was interesting, wasn't it
TSWC	Tell someone who cares	**TWSY**	That was so yesterday
TT4N	Ta ta for now	**Txs or TY**	Thanks or Thank you
TTBOMK	To the best of my knowledge	**Txt**	Text
		Txt IM	Text Instant Message
TTFN	Ta ta for now	**TYFI**	Thank you for invite
TTG	Time to go	**Tym**	Time
TTHB	Try to hurry back	**TYP**	Thank you partner
Ttly	Totally	**TYT**	Take your time
TTMs	Talking to myself	**TYVM**	Thank you very much
TTR	Time to run		

T

Ta ta for now	**TTFN**	Tender loving care	**TLC**
Take a Hike	**TAH**	Text Instant Message	**Txt IM**
Take a pill	**TAP**	Text to speech	**TTS**
Take care of yourself	**TCOY**	Text	**Txt**
Take care	**TC**	Thank God for that	**TGFT**
Take your time	**TYT**	Thank God for unanswered	
Taking a shower	**TAS**	Prayers	**TGFUAP**
Talk at you later	**T@YL**	Thank God it's Friday	**TGIF**
Talk to you at school	**TTYAS**	Thank you for the invite	**TYFI**
Talk/Type to you later	**TTYL**	Thank you partner	**TYP**
Talk to you later	**T2UL**	Thank you very much	**TYVM**
Talk to you later	**Tlk2UL8r**	Thank you	**TY**
Talk to you later	**TTUL**	Thanks again	**TA**
Talk to you online	**TTYO**	Thanks for last night	**TFLN**
Talk to you soon	**TTYS**	Thanks for nothing -or-	
Talk to you tomorrow	**TTYT**	Til further notice	**TFN**
Talking on the phone	**TOTP**	Thanks in advance	**TIA**
Talking to myself	**TTMs**	Thanks	**Thx or Tx or Thks**
Teacher watching	**TW**	Thanks	**Tnx or Txs**
Team player or toilet paper	**TP**	Thanks very much	**TVM**
Tears of joy	**TOJ**	That girl/guy has got to go	**TGGTG**
Tell it like it is	**TILII**	That is for darn sure	**TFDS**
Tell me about it	**TMAI**	That was funny	**TWF**
Tell me something good	**TMSG**	That was interesting, wasn't it	**TWIWI**
Tell someone who cares	**TSWC**	That was so yesterday	**TWSY**
Temporarily not available	**TNA**	That's so sweet	**TSS**

That's what friends are for	**TWFAF**	To be advised/announced	**TBA**
That's all for now	**TAFN**	To be continued	**TBC**
That's life in the big city	**TLITBC**	To be decided	**TBD**
That's the ticket -or- to the top		To be honest	**TBH**
-or- thought that too	**TTT**	To good to be true	**TGTBT**
The end of the world as		To let you know	**TLYK**
we know it	**TEOTWAWKI**	To tell you the truth	**TTYTT**
The list goes on	**TLGO**	To the best of my	
The phone company	**TPC**	knowledge	**TTBOMK**
The powers that be	**TPTB**	To Whom it may Concern	**TWIMC**
The sooner the better	**TSTB**	Tomorrow	**Tom**
There ain't no such thing as		Tomorrow is another day	**TIAD**
a free lunch	**TANSTAAFL**	Tongue in cheek	**TIC**
There's more than one		Tongue in cheek	**TNC**
way to do it	**TMTOWTDI**	Tons of time	**TOT**
These things take time	**TTTT**	Too darn many	**TDM**
Think I am in love	**TIAIL**	Too much information	**TMI**
Thinking of you	**TOY**	Total quality management	**TQM**
This says it all	**TSIA**	Total	**Totl or ttl**
This won't hurt a bit	**TWHAB**	Totally stuck in RAM	**TSR**
Three letter acronym	**TLA**	Totally	**Ttly**
Til next time	**TNC**	Traffic	**Tfx**
Til our paths cross again	**TOPCA**	Trouble came back	**TCB**
Time for bed	**TFB**	Trust me	**TM**
Time to go	**TTG**	Try again	**T/A**
Time to run	**TTR**	Try to hurry back	**TTHB**
Time	**Tym**		

U/V

U	You	**UR**	You are
U2	You too	**URAPITA**	You are a pain in the ass
U2U	Up to you	**URAQT**	You are a cutie
U4I	Up for it	**Urs**	Yours
U/L	Upload	**URTB**	You are the best
U/N	Username	**URTW**	You are the worst
U'D	You would	**URWs**	You are wise
U'H	You have	**UR2Y4M**	You are too wise for me
U'll	You will	**USP**	Unique selling proposition
U'R	You are	**UTTM**	You talking to me?
U Up	Are you up?	**UW**	You're welcome
U've	You've	**VBG**	Very big grin
UA	User agreement	**VBS**	Very big smile
UBS	Unique buying state	**VC**	Venture capital
UDY	You done yet?	**VEG**	Very evil grin
UFN	Until further notice	**VFM**	Value for money
UGTBK	You've got to be kidding	**VGH**	Very good hand
UGTR	You got that right	**VGL**	Very good looking
U-L	You will	**VIP**	Very important person
unPC	unPolitically correct	**VM**	Voice mail
UOK	Are you o.k.	**VNH**	Very nice hand
UOM	You owe me	**VWD**	Very well done
UPOD	Under promise over deliver	**VSF**	Very sad face

U/V

Under promise over deliver	**UPOD**	Very big smile	**VBS**
Unique buying state	**UBS**	Very evil grin	**VEG**
Unique selling proposition	**USP**	Very good hand	**VGH**
Unpolitically correct	**unPC**	Very good looking	**VGL**
Until further notice	**UFN**	Very important person	**VIP**
Up to you	**U2U**	Very nice hand	**VNH**
Upload	**U/L**	Very sad face	**VSF**
Username	**U/N**	Very well done	**VWD**
Value for money	**VFM**	Voice mail	**VM**
Venture capital	**VC**	You will	**U-L**
Very big grin	**VBG**		

W

W8U	Wait up	**WAYN**	Where are you now
W/	With	**WAYSW**	Why are you so weird
W/B	Write back	**WAYT**	What are you thinking
W/E	Whatever	**WAYUT**	What are you up to
W/end	Weekend	**WAZ**	What is
W/eva	Whatever	**WB**	Welcome back -or- Write back
W/O	Without		
W/U	With you	**WBP**	Welcome back partner
W2G	Way to go	**WBS**	Write back soon
W8	Wait	**WBU**	What about you
W8AM	Wait a minute	**WC**	Who cares
W?	What	**WCA**	Who cares anyway
WBS	Write back soon	**WD**	Well done
WAD	Without a doubt	**WDALYIC**	Who died and left you in charge
WADR	With all due respect		
WAI	What an idiot	**WDTM**	What does that mean
WAM	Wait a minute	**WDR**	With due respect
WAMBAM	Web application meets brick and mortar	**WDUM**	What do you mean
		WDUWTA	What do you wanna talk about
WAMH	With all my heart		
Wan2Tlk	Want to talk	**WDWDN**	What do we do now
Wana	Want to	**WDWGW?**	Where did we go wrong
WasUp	What's Up	**WDYS**	What did you say
WAY?	What about you	**WDYT**	What do you think
WAYD	What are you doing	**WDYW**	What do you want
WAYH	Why are you here	**WE**	Whatever

WEG	Wicked evil grin
WF	Way fun
WFHmwk	What's for homework
WFM	Works for me
WG	Wicked grin
WHF	Wanna have fun
WIBNI	Wouldn't it be nice if
WIIFM	What's in it for me
Wio	Without
WIP	Work in progress
WISP	Winning is so pleasureable
WIT	Wordsmith in training
WitU	With you
WITW	What in the world
WIU	Wrap it up
WKewl	Way cool
Wlcm	Welcome
WNOHGB	Were no one has gone before
WOG	Wise old guy
WOMBAT	Waste of money, brains, and time
WOOF	Well off older folks
WoP	Without papers
WRT	With regard to or With respect to
WRU	Where are you
WRUD	What are you doing
WRUDATM	What are you doing at the moment
WT	Without thinking
WTT	Want to trade
WTB	Want to buy
WTBD	What's the big deal
WTG	Way to go
WTGP	Want to go private
WTH	What the heck
WTMI	Way too much information
WTS	Want to sell
WTSDS	Where the sun don't shine
WTTM	Without thinking to much
WU	What's up
WUBMBf	Would you be my boy friend
WUBMGf	Would you be my girl friend
WUF	Where you from
WUGOWM	Will you go out with me
WUNY	Wait until next year
WUU2	What you up to
WUWT	What's up with that
WUWY	What's up with you
WWJD	What would Jesus do?
WWY	Where were you
Wx or Wthr	Weather
WYBU2	What you been up to

WYCM	Will you call me	**WYSIWYG**	What you see is what you get
WYD	What are you doing		
WYLTK	Wouldn't you like to know	**WYSLPG**	What you see looks pretty good
WYP	What's your problem	**WYT**	Whatever you think
WYRN	What's your real name	**WYWH**	Wish you were here
WYS	Whatever you say	**WYWO**	While you were out

W

Wait a minute	**W8AM**	Well done	**WD**
Wait	**W8**	Well off older folks	**WOOF**
Wait until next year	**WUNY**	Were no one has gone before	
Wait up	**W8U**		**WNOHGB**
Wanna have fun	**WHF**	What about you	**WAY? Or WBU**
Want to buy	**WTB**	What an idiot	**WAI**
Want to go private	**WTGP**	What are you doing at	
Want to sell	**WTS**	the moment	**WRUDATM**
Want to talk	**Wan2Tlk**	What are you doing	**WYD or WAYD**
Want to trade	**WTT**	What are you doing	**WRUD**
Waste of money, brains		What are you thinking	**WAYT**
and time	**WOMBAT**	What are you up to	**WAYUT**
Water	**H2O**	What did you say	**WDYS**
Way cool	**WKewl**	What do we do now	**WDWDN**
Way fun	**WF**	What do you expect	**WDYE**
Way to go	**WTG or W2G**	What do you mean	**WDYM**
Way too much information	**WTMI**	What do you think	**WDYT**
Weather	**WX or Wthr**	What do you wanna	
Web application meets brick		talk about	**WDUWTA**
and mortar	**WAMBAM**	What do you want	**WDYW**
Weekend	**W/end**	What does that mean	**WDTM**
Welcome	**Wlcm**	What in the world	**WITW**
Welcome back -or-		What is	**WAZ**
Write back	**WB**	What the heck	**WTH**
Welcome back partner	**WBP**		

		Who cares anyway	WCA
Without thinking -or-		Who cares	WC
What the -or- Who the	WT	Who died and left you	
What would Jesus do	WWJD	in charge	WDALYIC
What you been up to	WUBU2	Why	Y?
What you see is what		Why are you here	WAYH
you get	WYSIWYG	Why are you so weird	WAYSW
What you see looks		Wicked evil grin	WEG
pretty good	WYSLPG	Wicked grin	WG
What you up to	WUU2	Will you call me	WYCM
What's the big deal	WTBD	Will you go out with me	WYGOWM
What's up	WasUp or Sup	Winning is so pleasureable	WISP
What's up	WU	Wise old guy	WOG
What's up with that	WUWT	Wish you were here	WYWH
What's up with you	WUW	With all my heart	WAMH
What's your problem	WYP	With due respect	WDR
Whatever you say	WYS	Without papers	WoP
Whatever you think	WYT	With regard/respect to	WRT
Whatever	We or W/E	With you	W/U
What's for homework	WFHwk	With	W/
What's in it for me	WIIFM	Without a doubt	WAD
What's your real name	WYRN	Without thinking to much	WTTM
Where are you?	WAU?	Without	W/O or WIO
Where are you now	WAYN	Wordsmith in training	WIT
Where did we go wrong	WDWGW?	Work in progress	WIP
Where the sun don't shine	WTSDS	Works for me	WFM
Where were you	WWY	Would you be my boy	
Where you from	WUF	friend	WYBMBf
While you were out	WYWO		

Would you be my girl		Wouldn't you like to	
friend	**WYBMGf**	know	**WYLTK**
Wouldn't it be nice if	**WIBNI**	Wrap it up	**WIU**
		Write back soon	**WBS**
		Write back	**W/B**

X/Y/Z

X-I-10	Exciting	**Yeppies**	Young experimenting
XBf	Ex-boyfriend		perfection seekers
Xcpt	Except	**YGBK**	You gotta be kidding
XGf	Ex-girlfriend	**YGG**	You go girl
Xing	Crossing	**YGGf**	You go girlfriend
Xlnt	Excellent	**YGM**	You got mail
XMe	Excuse me	**YGtBKM**	You gotta be kidding
XOXO	Hugs and Kisses		me
XS	Excess	**YHF**	You have failed
XYZ	Examine your Zipper	**YHL**	You have lost
Y?	Why	**YHM**	You have mail
YA	Yet another	**YHPM**	You have a private
YAAI	You are an idiot		message
YA yaya	Yet another ya-ya	**YIC**	Yours in Christ
	(as in yo-yo)	**YID**	Yes I do
YACC	Yet another calendar	**YIU**	Yes I understand
	company	**YK**	You kidding
YAFIYGI	You asked for it you	**YKI**	You know it
	got it	**YKW**	You know what
YAW	You are welcome	**YM**	Your mom
YBS	You'll be sorry	**YMBKM**	You must be kidding me
YCT	Your comment to	**YMMV**	Your mileage may vary
YCTWYW	You can think what	**Yng**	Young
	you want	**YNK**	You never know
YDKM	You don't know me		

84

YOYO	You're on your own	**YVW**	You're very welcome
YPOM?	Your place or mine?	**YW**	You're welcome
YR	Yeah right	**YWIA**	You're welcome in advance
YRMS	You rock my socks	**YWUD**	Yo whats up dude
YRWs	You are wise	**YYSSW**	Yeah yeah sure sure whatever
YRYOCC	You're running on your own cookoo clock	**ZZZ**	Sleeping, bored, tired
YSYD	Yeah, sure you do		
YTM	You tell me		
YTTT	You telling the truth?		
Yuppies	Young Urban Professionals		

X/Y/Z

Yeah right	**YR**	You can think	
Yeah yeah sure sure		what you want	**YCTWYW**
whatever	**YYSSW**	You done yet	**UDY**
Yeah, sure you do	**YSYD**	You don't know me	**YDKM**
Yes I do	**YID**	You go girl friend	**YGGF**
Yes I understand	**YIU**	You go girl	**YGG**
Yet another calendar		You got mail	**YGM**
company	**YACC**	You got that right	**UGTR**
Yet another ya-ya		You gotta be kidding	**YGBK**
(as in yo-yo)	**YA yaya**	You gotta be kidding me	**YGtBKM**
Yet another	**YA**	You have a private message	**YHPM**
Yo what's up dude	**YWUD**	You have failed	**YHF**
You are	**UR**	You have lost	**YHL**
You are a cutie	**URAQT**	You have mail	**YHM**
You are a pain in the ass	**URAPITA**	You have	**U'V**
You are an idiot	**YAAI**	You kidding?	**YK**
You are the best	**URTB**	You know it	**YKI**
You are the worst	**URTW**	You know what	**YKW**
You are too wise for me	**UR2Y4M**	You must be kidding me	**YMBKM**
You are welcome	**YAW**	You never know	**YNK**
You are wise	**YRWS**	You owe me	**UOM**
You asked for it		You rock my socks	**YRMS**
you got it	**YAFIYGI**	You talking to me?	**UTTM**
		You tell me	**YTM**
		You telling the truth?	**YTTT**

You too	**U2**	You'll be sorry	**YBS**
You will	**U'll**	Young experimenting	
You would	**U'd**	perfection seekers	**Yeppies**
You	**U**	Young Urban Professionals	**Yuppies**
Young	**Yng**	Your comment to	**YCT**
Your dad	**YD**	Your mileage may vary	**YMMV**
Your mom	**YM**	You're on your own	**YOYO**
Your place or mine?	**YPOM?**	You're running on your	
You'll be sorry	**YBS**	own cuckoo clock	**YRYOCC**
You're very welcome	**YVW or UVW**	You're welcome	
You're welcome	**YW or UW**	in advance	**YWIA**
You're	**U'R**	You're welcome	**YW**
You've	**U've**		
You've got to be			
kidding	**UGTBK**		

Enjoy

ISBN 142513975-2

9 781425 139759

Made in the USA
San Bernardino, CA
07 December 2012